PEDRO ALBIZU CAMPOS, EL ... EL NOTORIO CASO DE VELÁZQUEZ V. PEOPLE OF PUERTO RICO

Patriota y mártir para unos. Sedicioso y criminal para otros. Los Gobiernos de Estados Unidos y Puerto Rico lo albergaron respectivamente en la prisión federal de Atlanta, Georgia y luego en la cárcel La Princesa en el Viejo San Juan. Mucho ha sido escrito sobre su vida y su liderato en el Partido Nacionalista de Puerto Rico[1].

Imagen 1: Pedro Albizu Campos

---

[1] Véase, ie.,Federico Ribes Tovar, Albizu Campos El Revolucionario (Plus Ultra Educational Publishers, Inc. 1975); Marisa Rosado, Pedro Albizu Campos Las Llamas de la Aurora acercamiento a su biografía (Ediciones Puerto 2008).

No entraré en esa faceta de la vida de Pedro Albizu Campos pues no pretendo ser su biógrafo. Pero sí en cuanto a una faceta interesantísima de su vida, la cual es relativamente ignorada, y, sin embargo, en el presente estado jurídico-político de Puerto Rico cobra pertinencia. Les hablo de Albizu Campos el abogado. Intelectual, brillante y jurídicamente emprendedor. En diciembre de 1933, éste llevó al Tribunal de Apelaciones de los Estados Unidos para el Primer Circuito, y posteriormente al Tribunal Supremo de Estados Unidos, un ingenuo ataque jurídico impugnando la validez de la cesión de Puerto Rico por parte de España a Estados Unidos. Es de éste interesante caso de lo que les voy a hablar. Discutiré y luego compararé los asuntos presentados en sus alegatos y las opiniones de los tribunales con aquellos presentados al día de hoy a la luz del caso Sánchez Valle y la Ley PROMESA.

Organizaremos éste trabajo de la siguiente forma:

1. Breve biografía y formación académica de Pedro Albizu Campos.

2. El caso de Luis F. Velázquez ante los Tribunales Territoriales de Puerto Rico.

3. La apelación al Primer Circuito en Boston y procedimientos posteriores ante el Tribunal Supremo de los Estados Unidos.

4. Discusión y análisis de planteamientos de Albizu Campos, y las determinaciones de los Tribunales Territoriales y Federales, comparándolos a aquellos levantados casi un siglo más tarde a la luz del caso <u>Sánchez Valle</u> y la Ley PROMESA.

Antes de continuar, se estarán preguntando, ¿cómo a un juez federal se le ocurre estudiar la controversial figura de Albizu Campos? Pues es una larga historia. Conocí de Albizu Campos por primera vez en mi cuarto año de escuela superior en la Academia Perpetuo Socorro en el año 1983. En aquel entonces era requisito para graduarse tomar un curso de historia de Puerto Rico. Mi profesora, Carmen Lidin, durante el transcurso del semestre, nos impartió una cátedra sobre los partidos políticos durante el Siglo XX, entre éstos el Partido Nacionalista. Fue ahí que aprendí de Albizu Campos por primera vez. Años más tarde leí el libro La Historia del Tribunal Federal en Puerto Rico, del Profesor

Guillermo Baralt, publicado a principios de la década del 2000. Ahí

aprendí más de su historia, en particular, los incidentes que lo llevaron a

ser acusado en el foro federal de la isla en el 1936. Luego, en 2011 leí

otro excelente libro escrito por el Profesor de Derecho de la Universidad

Interamericana, Luis Rafael Rivera, titulado Cecil Snyder: entre Muñoz y

Albizu. De su lectura aprendí detalles sobre el proceso federal judicial

contra Albizu Campos. Por curiosidad, le pregunté a mi abuela materna

--quién nació en Ponce--sobre Albizu Campos, y para mi sorpresa me

mostró una foto del Club Deportivo en Ponce en la cual mi bisabuelo

materno, José Bernaola, y Albizu Campos aparecen sentados en la misma

mesa. Esto, no por motivos de política nacionalista para los que estén

curiosos, sino, en ocasión de la visita de un aviador norteamericano a la

isla.

Imagen 2: Actividad en Club Deportivo de Ponce circa 1930.
A mano derecha el segundo es mi bisabuelo José Bernaola.
Le sigue Antonio Quilichini Luiggi, y luego Pedro Albizu Campos.

Al mudarme en el año 2012 a la sede del Tribunal Federal en el Viejo

San Juan, al cerrar el edificio de la corte por la tarde, solía (y todavía

suelo) pasearme por los pasillos y salas del histórico edificio, y también

visitaba las celdas vacías. Me imaginaba en ocasiones que ahí mismo fue

que estuvo Albizu Campos, y donde el entonces fiscal federal Cecil

Snyder lo llevó ante el gran jurado. Aquí, a su vez, me vino a la mente la

posibilidad de que Albizu Campos, por ser abogado, debió haber postulado en el foro federal. De ahí busqué en el libro de registro de abogados admitidos al foro federal y encontré las entradas de su admisión y desaforo en el 1921 y 1939, respectivamente.

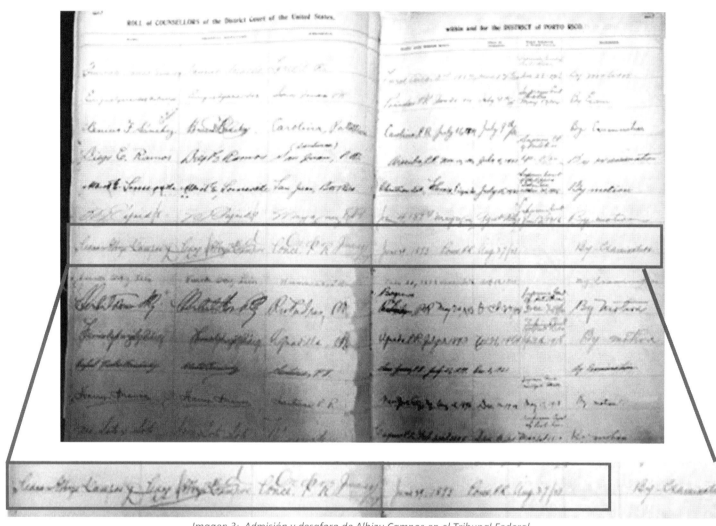

Imagen 3: Admisión y desaforo de Albizu Campos en el Tribunal Federal.
Nótese que éste indicó que nació en junio de 1893,
contrario a lo que indican los libros de historia.

Por ende, continué mi búsqueda hasta verificar que Albizu Campos sí compareció ante el Tribunal Federal de Puerto Rico y el Primer Circuito en Boston. En los anales de la historia de Albizu Campos el abogado, fue que pues aprendí del interesante y curioso caso federal del cual les relataré próximamente.

I. Formación Académica-Jurídica de Pedro Albizu Campos

Ponceño de nacimiento e hijo de Alejandro Albizu y Romero, comerciante de origen vasco nacido en Ponce, Puerto Rico, y Juliana Campos y Campos, criolla, Pedro Albizu Campos vino al mundo el 12 de septiembre de 1891. No existe mucho detalle de su infancia. Se empieza a conocer de él cuando a sus diez años se gradúa de octavo grado con el promedio más alto hasta aquel momento. Posteriormente, se graduó en tres años con honores de la Alta Escuela de Ponce. Recordemos que, en aquel entonces, en el sistema de instrucción pública de Puerto Rico la educación era en inglés, aunque el currículo además incluía cursos en latín y francés, además, otras materias como álgebra, geometría y zoología.

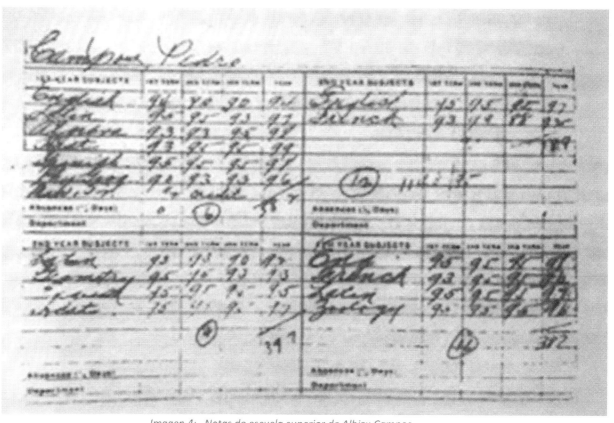
Imagen 4: Notas de escuela superior de Albizu Campos

Dados sus acontecimientos académicos, Albizu Campos fue becado y en 1912 partió a cursar estudios universitarios en la Escuela de Ingeniería de la Universidad de Vermont. Allí, el emprendedor joven Albizu Campos estudió un año. No sólo se destacó académicamente, sino también por su don de oratoria dictando conferencias. Entre éstas, abogó contra la intervención de Estados Unidos en Méjico, la educación de la mujer en América Latina, y la política colonial norteamericana, haciendo un llamando particular a la situación de

Puerto Rico. Esto llevó a dos profesores de la Universidad de Harvard a recomendarle que prosiguiera sus estudios en dicha institución. Allí pues, se transfirió y continuó su oratoria, particularmente en los temas de derechos civiles y la relación de Estados Unidos con Latinoamérica.

Albizu Campos se graduó de ingeniero civil químico, a la vez que se licenció en filosofía y letras. En ese mismo año 1916, ingresó en la facultad de derecho de Harvard. Tanto como en sus estudios de bachillerato como en los de derecho, Albizu Campos tuvo que trabajar para así cubrir el costo de su matrícula y gastos de hospedaje. Entre una serie de trabajos meniales, éste además fue columnista de "The Christian Science Monitor", el segundo diario más prestigioso de Estados Unidos en aquel entonces. En el mismo relataba acerca de los eventos de Latinoamérica.

También durante sus varios años en Harvard, Albizu Campos voluntariamente se enlistó en el servicio militar norteamericano como parte del "Harvard Reserve Officers Training Camp", pues en aquel entonces no existía el servicio selectivo. Esto, luego de haber publicado en The Harvard Crimson un artículo titulado "Porto Rico and the War" en el cual abogaba a que los puertorriqueños apoyaran a los Estados Unidos y sus aliados. En el ejército norteamericano éste obtuvo el rango de Primer Teniente de Infantería. Durante su servicio militar tomó un periodo de ausencia de sus estudios de Derecho.

Una vez culminada la guerra, Albizu Campos retornó a Harvard donde culminó sus estudios en junio de 1921. Sin embargo, éste no obtuvo su grado en Derecho ese mismo verano dada la situación particular de que dos profesores le aplazaron sus exámenes en los cursos de corporaciones y evidencia. Ya encontrándose en Puerto Rico, el 20 de agosto de 1921 solicitó admisión al Tribunal de Distrito de los Estados Unidos, y el 31 del mismo mes fue admitido.

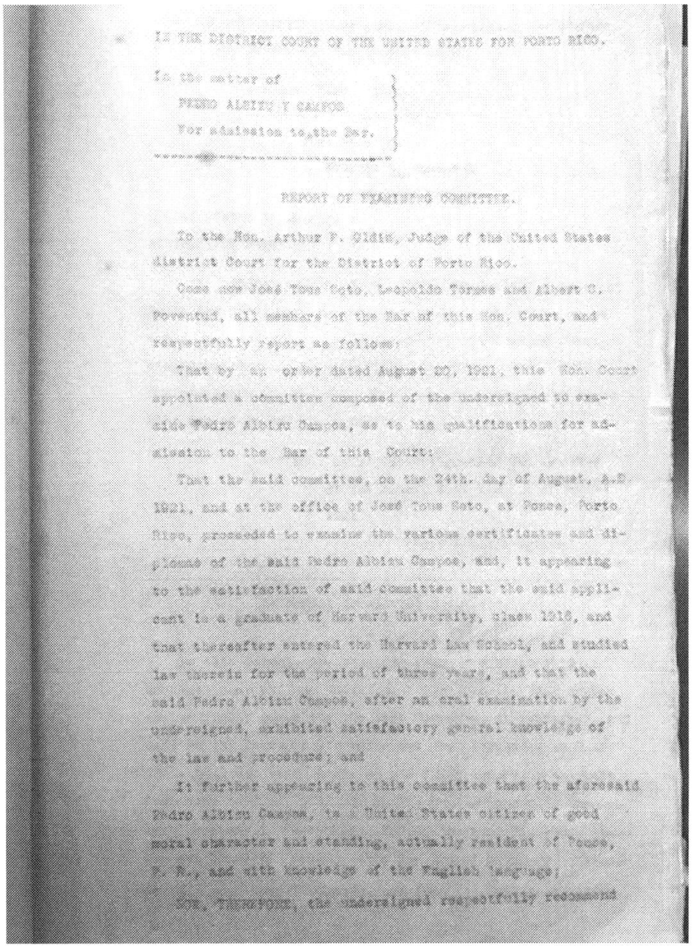

IN THE DISTRICT COURT OF THE UNITED STATES FOR PORTO RICO.

In the matter of
PEDRO ALBIZU Y CAMPOS
For admission to the Bar.

REPORT OF EXAMINING COMMITTEE.

To the Hon. Arthur F. Odlin, Judge of the United States district Court for the District of Porto Rico.

Come now José Tous Soto, Leopoldo Tormes and Albert C. Poventud, all members of the Bar of this Hon. Court, and respectfully report as follows:

That by an order dated August 22, 1921, this Hon. Court appointed a committee composed of the undersigned to examine Pedro Albizu Campos, as to his qualifications for admission to the Bar of this Court:

That the said committee, on the 24th. day of August, A.D. 1921, and at the office of José Tous Soto, at Ponce, Porto Rico, proceeded to examine the various certificates and diplomas of the said Pedro Albizu Campos, and, it appearing to the satisfaction of said committee that the said applicant is a graduate of Harvard University, class 1916, and that thereafter entered the Harvard Law School, and studied law therein for the period of three years, and that the said Pedro Albizu Campos, after an oral examination by the undersigned, exhibited satisfactory general knowledge of the law and procedure; and

It further appearing to this committee that the aforesaid Pedro Albizu Campos, is a United States citizen of good moral character and standing, actually resident of Ponce, P. R., and with knowledge of the English language;

NOW, THEREFORE, the undersigned respectfully recommend

Imagen 5: Informe del Comité Examinador del Tribunal Federal, recomendando la admisión de Albizu Campos a dicho foro.

Por ende, Albizu Campos fue aceptado a postular ante la Corte Federal en Puerto Rico antes que ante el Tribunal Supremo de Puerto Rico, y, sin oficialmente graduarse de derecho. Al poco tiempo, Harvard le permitió tomar los dos exámenes en Puerto Rico. Y para noviembre de 1922 éste recibe su grado en derecho. No es sin embargo hasta el 11 de febrero de 1924 que el Tribunal Supremo lo admite y juramenta ante su Juez Presidente, Don Emilio del Toro (de quién hablaremos

más adelante).

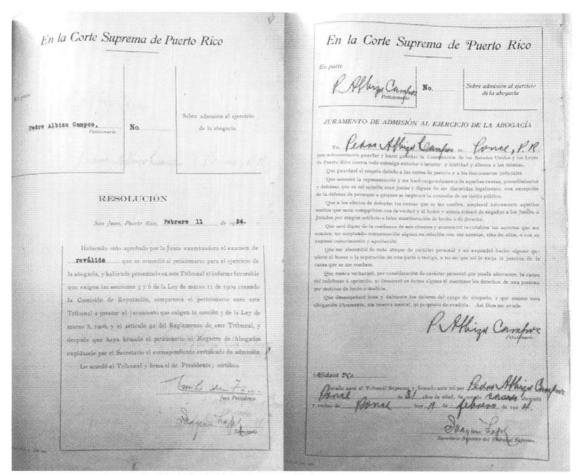

Imagen 6: Admisión de Albizu Campos al Tribunal Supremo de Puerto Rico.

Como abogado en el foro federal de la isla, Albizu Campos

representó repetidamente a los miembros del Partido Nacionalista

quienes eran enjuiciados criminalmente en dicho foro. Por ejemplo,

en abril de 1936 y poco antes de él mismo ser enjuiciado representó

a Juan Antonio Corretjer, para aquel entonces secretario del Partido

Nacionalista. A éste, el Gran Jurado lo había citado para entregar todas las minutas de dicha entidad para los años 1933, 1934, 1935 y 1936 y varios otros documentos. Albizu Campus, en dicha ocasión informó al fiscal federal Cecil Snyder, que su cliente no iba a entregar ningún documento a la luz de su derecho de no incriminarse. El Juez Federal Robert Archer Cooper encontró que, no obstante, Corretjer al

Imagen 7: Juez de Distrito Federal Robert Archer Cooper.

rehusar cumplir con el subpoena del Gran Jurado, estaba incurso en desacato y lo encarceló. En apelación el Tribunal de Boston sostuvo el desacato[2].

II. El Pueblo de Puerto Rico v. Luis F. Velázquez – Procedimientos en los Tribunales Territoriales

Luis Velázquez, miembro del Partido Nacionalista fue acusado de agresión contra la persona del Juez Presidente del Tribunal Supremo de Puerto Rico, Don Emilio Del Toro.

Imagen 8: Don Emilio Del Toro,
Juez Presidente del Tribunal Supremo de Puerto Rico.

---

[2] Véase Corretjer v. Draughton, 88 F. 2d.16 (1er Circuito 1937).

El Juez se había pronunciado públicamente contra los nacionalistas, lo cual Velázquez tomó como una ofensa a su dignidad. Ambos luego, como era costumbre en la época, y, bajo la tradición española, acordaron encontrarse en cierto día, hora y lugar, y sin armas, para resolver el asunto como caballeros. En otras palabras, para llevar a cabo un duelo a las manos. Resulta que el Juez Presidente Del Toro acabó apabuchado. Y, pues molesto al fin, procedió a denunciar a Velázquez ante las autoridades territoriales.

Velázquez fue formalmente acusado en el año 1931 en la Corte Municipal de San Juan por acometimiento y agresión grave contra el Juez Presidente Del Toro. Éste admitió los hechos y justificó su acción caracterizando la misma como una bofetada en público como cuestión de honor. El juez municipal lo encontró culpable y lo sentenció a un año de cárcel. Velázquez entonces solicitó juicio de nuevo ante la Corte de Distrito de San Juan. El Juez de Distrito Pablo Berga ratificó la convicción y sentencia. De ahí Velázquez apeló al

Tribunal Supremo de Puerto Rico, donde Albizu Campos compareció como su abogado.

En su escrito en apelación al Tribunal Supremo de Puerto Rico Albizu Campos señaló dos errores. Primero, que no hubo *mens rea* por parte de Velázquez, pues el encuentro físico fue de caballero a caballero, acordado por ambos. Segundo, Albizu levantó el estratégico argumento que los tribunales del entonces Territorio de Puerto Rico carecían de jurisdicción y que el foro apropiado era el Tribunal de Distrito Federal en la isla. Esto, a la luz que tanto los tribunales de Distrito y Supremo territoriales se encontraban localizados en el cuartel de Santo Domingo (antigua sede de la Audiencia Territorial) que era propiedad exclusiva de los Estados Unidos. Y, fue allí, en la misma sede del Tribunal Supremo de Puerto Rico, que tomó lugar el duelo entre Velázquez y el Juez Presidente Del Toro.

*Imagen 9: Antiguo Cuartel de Santo Domingo, para la fecha del caso de Luis F. Velázauez,
sede de Tribunales de Distrito y Supremo de Puerto Rico.*

El Tribunal Supremo, con su Juez Presidente inhibido, falló en contra de Velázquez. El argumento sobre *mens rea* no convenció al alto foro territorial:

> "El hecho, de que lo que el acosado hizo fue un reto no lo coloca fuera de la regla general. La Constitución y las Leyes de Puerto Rico, abarcan todo el territorio bajo la jurisdicción de Puerto Rico, y la intención emana del acto cometido y no queda afectada por el designio sugerido en éste caso[3]."

A su vez, el argumento de jurisdicción tampoco prosperó, entendiendo el Tribunal Supremo de Puerto Rico que Estados Unidos no tenía jurisdicción exclusiva sobre el cuartel de Santo Domingo:

> "El Pueblo de Puerto Rico es un quasi soberano creado por el Congreso de los Estados Unidos y su poder judicial reside en la Corte Suprema de Puerto Rico y otras cortes, a virtud de la Ley Foraker, la Ley Jones y aún de las

---

[3] 45 D. P.R. 905, 915 (1933).

órdenes militares. La jurisdicción de el Pueblo de Puerto Rico se extendió necesariamente a la Corte Suprema de Puerto Rico, que materialmente ocupaba parte del Segundo piso del aludido edificio. Cuando a la Corte Suprema de Puerto Rico se le permitió ocupar el referido segundo piso por tantos años, el poder de policía del Pueblo de Puerto Rico se extendió por tanto a castigar delitos cometidos en esa parte del territorio ocupada con la aquiescencia de los Estados Unidos. Las Leyes Penales de Puerto Rico regían en cualquier sitio abarcado por el poder de policía de Puerto Rico. No podría decirse que los Estados Unidos tenían jurisdicción exclusiva sobre la totalidad del cuartel de Santo Domingo. La Corte Suprema de Puerto Rico, como una rama de el Pueblo de Puerto Rico, estaba en completa posesión de parte del Segundo piso del edificio, y la Corte de Distrito tenía el resto del piso."

Se basó el Tribunal Supremo en la Ley Federal de 1902 titulada "Ley Para Autorizar al Presidente a Reservar Terrenos y Edificios Públicos en la Isla de Puerto Rico para usos públicos, para conceder otros terrenos y edificios públicos al Gobierno de Puerto Rico y para otros fines". Mediante la misma, entendió el Tribunal Supremo de Puerto Rico, que luego de la cesión por parte de España a los Estados Unidos, la una vez Audiencia Territorial, y ahora Tribunal Supremo, permaneció en el segundo piso del Cuartel Santo Domingo. Allí pues, se encontraba el Señor Velázquez al momento del acto delictivo. Más aún, señaló el alto foro territorial que el Presidente, a tenor con dicha Ley, al momento de

Estados Unidos obtener los terrenos donde se ubicaba el cuartel de Santo Domingo, nunca privó a la Corte Suprema de allí operar.

Interesantemente, el Tribunal Supremo de Puerto Rico continuó su análisis jurídico al disponer que "hemos estado asumiendo que Puerto Rico puede considerarse localmente como un estado. En realidad, de verdad no es así." Entonces, el Alto Foro territorial cita el caso del Tribunal Supremo Federal Grafton V. United States[4], el cual resuelve que el entonces territorio de las Filipinas y Estados Unidos constituyen un mismo soberano para efectos de la doctrina de soberanía dual. (Éste punto lo analizaré más adelante al discutir Sánchez Valle). No obstante, el Tribunal Supremo territorial determinó que la "jurisdicción de Puerto Rico, con el consentimiento de los Estados Unidos, se extendió al sitio en que fue cometido el delito."

La sentencia apelada, pues fue confirmada. Curiosamente, el Juez de Distrito Federal en Puerto Rico, Arthur Fuller Odlin, le opinó al Tribunal

---

[4] 206 U.S. 333 (1907).

Imagen 10: Juez de Distrito Federal Arthur Fuller Odlin

Supremo que jamás hubo cesión alguna del cuartel Santo Domingo por parte del Gobierno de España al Gobierno de Puerto Rico, ni tampoco se le pagó. Por ende, la jurisdicción exclusiva para dilucidar el asunto era la federal. Por su parte, el Tribunal Supremo señaló: "No podemos convenir con el Juez de la Corte de Distrito de los Estados Unidos para el Distrito de Puerto Rico." Este interesante debate entre ambos foros judiciales — el cual jamás se daría hoy en día de tal manera — sería el preámbulo de lo que vendría ante los foros federales.

III. Luis F. Velázquez v. The People of Puerto Rico – la Apelación al Primer Circuito

Sonará raro para muchos, pero desde el 1917 hasta el 1961, las sentencias del Tribunal Supremo de Puerto Rico tenían que ser apeladas al Primer Circuito, de donde luego se podía recurrir al Tribunal Supremo de los Estados Unidos. Por ende, Albizu Campos recurrió al foro apelativo de Boston. Ahí reiteró sus argumentos de *mens rea* y jurisdicción. No obstante, el brillante letrado, aquí vio la oportunidad de abogar por una causa mayor e ideológica – ¡el impugnar la validez del tratado de Paris ! Pretendía éste lograr la independencia de Puerto Rico pues, mediante la vía judicial. Cabe señalar que he sido juez en el Tribunal de Distrito Federal por diecisiete años y antes de eso postulé ante el mismo y la Corte de Apelaciones en Boston por una década. En todos estos años confieso, son pocos los escritos que he leído del calibre de éste de Albizu Campos en el caso de <u>Velázquez</u>. No solo su análisis jurídico es excepcional, sino su dominio del idioma inglés impresiona (lo cual habla del alto nivel de instrucción pública en Puerto Rico en la primera mitad del Siglo XX).

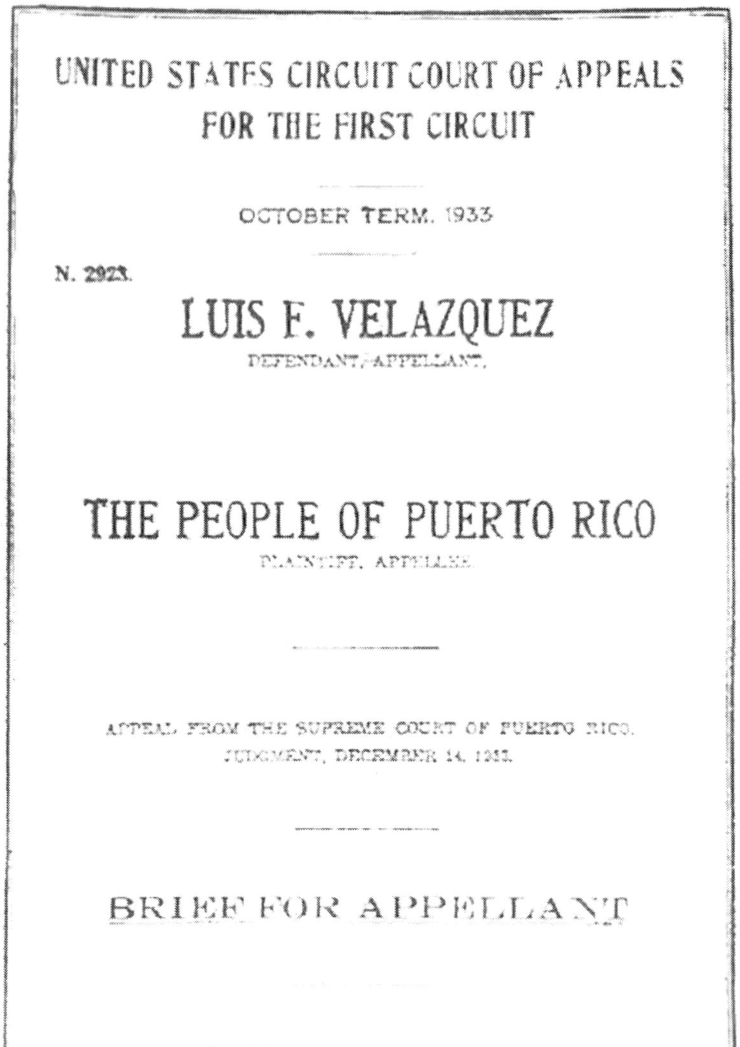

UNITED STATES CIRCUIT COURT OF APPEALS
FOR THE FIRST CIRCUIT

OCTOBER TERM, 1933

N. 2923.

LUIS F. VELAZQUEZ
DEFENDANT, APPELLANT,

THE PEOPLE OF PUERTO RICO
PLAINTIFF, APPELLEE.

APPEAL FROM THE SUPREME COURT OF PUERTO RICO.
JUDGMENT, DECEMBER 14, [illegible]

BRIEF FOR APPELLANT

P. ALBIZU CAMPOS,
for Appellant.
WILLIAM CATTRON RIGBY,
for Appellee.

Imagen 11: Alegato de Luis F. Velázquez ante el Primer Circuito

Veamos como primer ejemplo el argumento de Albizu Campos en cuanto a *mens rea*:

> The Supreme Court erred in sustaining the finding of the District Court of San Juan that there was *mens rea*.

The case is that of a challenge of a gentleman to another in the traditional chivalrous form of the Spanish race. There is no element of surprise; or used weapons of any kind or undue violence. A gentleman tenders his card, with his name, address, occupation and telephone number; and looks for his opponent when he is free to act; and in the place where his office is, away from his home, so as not to disturb the peace of the same in the same. The purpose of the procedure is to give the aggrieved party the choice of weapons.

(Cabrignana, Code of Honor).

The motive is not based on any material interest, not even on a personal question of honor; it is based on the highest sense of duty, patriotism. Unarmed, the defendant walked through armed sentries who would have shot him on the spot. Perhaps, the technical delict of challenging to a duel could have been sustained, but that of aggravated assault is repulsive to the sense of a highly civilized society like our own bred in Christian chivalry.

The defendant is a well-known gentleman in the community. (Rec. p. 14).

Mr. Del Toro, instead of facing this matter in the traditional manner gentlemen respond to such situation, has taken the witness stand against a patriot, a chivalrous opponent to place him in the clutches of judges appointed by the imperial power which holds this country by force of arms.

No possible *mens rea* can be found unless free men lovers of the independence of the country compare the fine feelings of a valiant patriot with the passions of a vulgar criminal.

No question of honor is taken to the Courts of Puerto Rico by gentlemen. In case of a challenge to a duel in due form, if the parties are arrested, none will testify against the other.

This is the soul of our social structure; the undisputed law which needs no legislature for its consecration.

Ahora, pues pasemos al argumento de jurisdicción de Albizu Campos:

As an additional consideration it may be pointed out that jurisdiction is territorial, that is, based on the possession of the soil.

The Supreme Court has been allowed by the Federal Government of the United States to use part of the second floor, while the rest of the said floor and the entire ground floor has been continuously devoted to military purposes, used as barracks for its garrison.

The most exclusive Federal jurisdiction is maintained on territory devoted to military purposes, even when the said territory had been ceded to the Federal government for said purposes by a state.

(Section 8, Article 1, Constitution of the United States.)

This is of necessity the case, as the military establishment, equipment, or armed forces therein, may have to be used pursuant to federal authority against any state or states in case of need.

If the theory of Supreme Court were tenable, the Municipal Court of San Juan, would have cognizance of a crime committed on the ground floor by a member of the armed forces of the United States, or against said person, or by or against, a judge or other officer of the Supreme Court, by crossing or lobbying on the ground floor.

The Supreme Court did not decide that the people of Puerto Rico had joint jurisdiction with the United States Government of the ground floor. What kind of jurisdiction is this which cases on touching the soil under the exclusive jurisdiction of another sovereign?

The historical reason for allowing the Supreme Court, as a territorial audiencia to use the Santo Domingo barracks, appears in the learned opinion of Judge Odlin, supra. Said Court is a successor of the old Territorial Audiencia under the Spanish flag, and armed forces of the United States offered the most complete protection. Needless to point out, that the present American regime is regarded with profound hostility by the great majority of the Puerto Rican nation, and the agencies of the government of the United States, be they judicial or administrative, are regarded as inimical to the dignity and interests of the nation. As an elementary precaution, the United States, in the exercise of imperial power in this country, took sufficient military precaution to protect this territorial audiencia, renamed the Supreme Court of Puerto Rico, in duty bound to be faithful judicial interpreters of the fundamental imperial policies.

En éste alegado señalamiento de error por parte del Tribunal Supremo de Puerto Rico, noten que Albizu Campos busca apoyo en la opinión del Juez Federal de Distrito, Odlin, argumentando que el Tribunal Federal estaba en lo correcto, y no el Tribunal Supremo territorial.

Entonces, Albizu Campos procede a hacer un argumento ideológico, argumentando la nulidad del Tratado de Paris:

> Puerto Rican patriots hold the Nationalist point of view that the Treaty of Paris and the subsequent acts of the United States in Puerto Rico are null and void so far as Puerto Rico is concerned, as the nation enjoyed at the time said treaty was signed international status, and Spain could not negotiate any treaty binding on Puerto Rico, unless negotiated by plenipotentiaries of Puerto Rico and ratified by the Parliament of Puerto Rico.

> (Carta Autonómica de Puerto Rico).

> The recognition of international status by the Mother Country is binding and all sovereigns of the family of of nations.

> (Victoria, Suárez, Calvo, and all authorities of international law concur) After the promulgation of the Carta Autonómica, the relations between Puerto Rico and Spain were regulated by treaty, from sovereign to sovereign.

(Carta Autonómica).

This succinct explanation has been made to explain the bitter feeling in this country against this American regime and military precaution as the one in question.

Granting arguendo, the validity of the Treaty of Paris and the subsequent acts of the United States in Puerto Rico, for all purposes, is not tenable the theory of the Supreme Court of Puerto Rico that the people of Puerto Rico obtained jurisdiction over the second floor of the Santo Domingo Barracks, because of a tolerance of user on the part of the United States Government.

The "People of Puerto Rico" is a legal entity created by fiat of the Congress of the United States, all as said it has only such powers as are expressly conferred by acts of Congress, such has been the case of every territory under the American Flag. This entity is not to be confounded with the Nation of Puerto Rico, whose sovereign rights are inalienable.

Within the present regime, the Supreme Court of Puerto Rico can be established by act of Congress of the United States any where under the American Flag, on board a merchant or war ship in San Juan Harbor or the high seas, in the Philippines, Guam, Boston or Washington, and thereby "The People of Puerto Rico" would not acquire jurisdiction over said ships or places.

El Primer Circuito en Boston, luego de analizar los planteamientos de Albizu Campos y el gobierno territorial de Puerto Rico, falló a favor del señor Velázquez:

The Supreme Court of Puerto Rico, however, apparently entertains the view that, in as much as The Supreme Court and District Courts of San Juan have been permitted by the military authorities of the United States in charge of the Barracks to occupy at sufferance the second floor of the building for court purposes, the government of Puerto Rico has acquired legislative and political control of the second floor of the building and that its laws extend there and were violated. We do not accede to this view.

If in the District of Colombia the officers of the United States in charge of the treasury building had allowed the Supreme Court of Puerto Rico to occupy at sufferance quarters for court purposes and the assault in question had taken place there, it could reasonably be said that the United States had yielded up its exclusive jurisdiction over those quarters and that the legislative powers of the government of Puerto Rico extended there; that the assault was a breach of its laws; and that the alleged offender lawfully could be taken to Puerto Rico and tried first in the Municipal Court of San Juan, then on appeal in the District Court of San Juan, and then on appeal in the Supreme Court of Puerto Rico, as was done here.

In view of the conclusion reached, it is unnecessary to consider the other questions in the case.

A la luz de lo anterior, Albizu Campos obtuvo una victoria legal para su cliente, el señor Velázquez, ante el Tribunal de Apelaciones en Boston, el cual ordenó "The judgement of the Supreme Court of Puerto Rico is vacated, and the case is remanded to that court, with directions to dismiss the action for lack of jurisdiction[5]." El señor Velázquez pues fue absuelto por falta de jurisdicción pues únicamente podía ser acusado por el gobierno territorial.

---

[5] Velázquez v. People of Puerto Rico, 77 F 2d 431 (1er Circuito 1935).

No obstante, fue una victoria pírrica para Albizu Campos debido a que, al desestimar el caso, el foro apelativo federal no dilucidó el asunto de la nulidad del Tratado de París. Ganó la batalla, pero no la lucha por la independencia de Puerto Rico.

Sin embargo, Albizu Campos tuvo un segundo turno al bate. Esto, debido a que el gobierno territorial de Puerto Rico acudió al Tribunal Supremo Federal, solicitando se revocase al tribunal apelativo federal, y, a su vez, se reinstalase la decisión del Tribunal Supremo de Puerto Rico convalidando el delito cometido por el señor Velázquez y la sentencia que a éste se le impuso.

Aquí, Albizu Campos en su alegato responsivo nuevamente expresó sus puntos. En cuanto a mens rea, arguyó que su cliente meramente defendió la tradición de honor entre dos caballeros. Nuevamente discutió su argumento jurisdiccional. Pero en esta ocasión ante el más alto foro nacional, expandió el asunto de jurisdicción a los efectos que ningún tribunal de los Estados Unidos, ya fuese territorial o federal, tenía jurisdicción sobre Puerto Rico. Y, esto incluía al mismo Tribunal Supremo de los Estados Unidos. Albizu Campos pues, para adelantar su fin nacionalista, ¡audazmente solicitó a dicho tribunal que fallase a su favor, a pesar de carecer de jurisdicción!:

> Parece que la Suprema Corte de los Estados Unidos no tiene albedrío para conceder la petición [del Pueblo de Puerto Rico] y deberá ser desestimada.

> El Tratado de París por el cual se terminó la guerra entre el País Madre, España, y los Estados Unidos de América, ratificado por las partes el 11 de abril de 1899, es nulo e inválido en cuanto a Puerto Rico se refiere.

> La Suprema Corte de los Estados Unidos, como depositaria del poder judicial establecido en la Constitución de ese país, es el intérprete final de la validez de los tratados hechos por los Estados Unidos de América con otras potencias. El asunto de la validez de un tratado particular ha sido elevado otras veces para determinar como el "status" de las comunidades bajo el Gobierno de los Estados Unidos afecta los derechos privados.

> [E]n los llamados Casos Insulares las decisiones emitidas por la Corte Suprema de los Estados Unidos han estado basadas en la aserción de la validez del Tratado de París.

> Existe un precedente para denunciar ante un Tribunal la validez de un tratado (con otra nación), como en el caso del Canal de Panamá.

> El poder soberano de los Estados Unidos de América, mediante "una criatura" del Congreso de los Estados Unidos, el acusador "Pueblo de Puerto Rico, "trata de imponer al contestante una sentencia de un año de cárcel.

Tal encausamiento perpetrado por el soberano, los Estados Unidos de América, mediante su "criatura" el "Pueblo de Puerto Rico", puede ser legal solamente si el tratado de París es válido en su aplicación a Puerto Rico.

Cualquiera que pueda ser la validez de un tratado entre los Estados Unidos de América y otro soberano, el susodicho tratado es nulo e inválido en cuanto se refiere a otro estado soberano que no ha sido parte en el tratado en cuestión[6].

Albizu Campos continuó su fuerte denuncia, indicando que, al momento de la ratificación del Tratado de París por el Senado Norteamericano, Puerto Rico ya era una nación soberana bajo el derecho internacional. Esto a la luz de la Carta Autonómica otorgada a Puerto Rico por España el 25 de noviembre de 1897. Como analogía planteó, "es evidente que un tratado negociado entre Estados Unidos de América y el Reino Unido no obliga al Dominio de Canadá, si ese dominio no ha sido parte en dicho tratado. "

Albizu Campos, continuó su argumento, mostrando su dominio de historia y derecho internacional. Ahora, éste aludió al Artículo 2 de los Artículos Adicionales de la Carta Autonómica el cual lee:

Una vez aprobada por las Cortes del Reino la presente Constitución para las islas de Cuba y Puerto Rico, no podrá modificarse sino en virtud de una ley y a petición del Parlamento Insular.

---

[6] Tradución al Español, Ribes Tovar, supra.

Sentados de izquierda a derecha: D. Luis Muñoz Rivera, Gobernación y Gracia y Justicia, D. Francisco Mariano Quiñones, Presidente y D. Manuel Fernández Juncos, Hacienda. De pié de izquierda a derecha: D. Juan Hernández López, Obras Públicas y Comunicaciones D. José Severo y Quiñones, Agricultura, Industria y Comercio y D. Manuel F. Rossy, Instrucción Pública.

Imagen 12: Gobierno Autonómico de Puerto Rico (1897-1898).

Más aún, señaló que para el 23 de marzo de 1898 el Gobierno Español notificó al de los Estados Unidos lo anterior. Por ende, éste último conocía de la soberanía de Puerto Rico, meses antes de la Guerra Hispanoamericana.

Todas las autoridades en derecho internacional convienen en el principio fundamental de la familia de naciones: el reconocimiento de la autonomía es irrevocable y obliga a todos los poderes de la familia de naciones.

Nuestro país... tenía su moneda y sus estampillas postales propias y todos los símbolos de la soberanía.

Cuando el Congreso de los Estados Unidos declaró la guerra en España, el 21 de abril de 1898, Puerto Rico era ya una nación independiente de España. Era deber de Estados Unidos de América respetar esta independencia.

España no podía ceder a Puerto Rico porque Puerto Rico no era "res in commercium". Puerto Rico se convirtió en una nación soberana en virtud de la Carta Autonómica que España no podía cambiar sin el consentimiento de Puerto Rico.

El Tratado de París no fue negociado por plenipotenciarios de Puerto Rico y nunca fue sometido a la ratificación de nuestro Parlamento Nacional.

Por virtud de la Carta Autonómica, Puerto Rico podría negociar con todas las potencias. Ahora sus puertos están cerrados al comercio excepto con puertos de los Estados Unidos, los cuales han impuesto un monopolio comercial imponiendo las condiciones en las cuales los productos americanos serán vendidos en Puerto Rico, e imponiendo las condiciones en los cuales los americanos comprarán las mercancías producidas en Puerto Rico. El resultado ha sido la ruina de nuestra agricultura, industria y comercio y la creación de grandes corporaciones americanas ausentes.

Para la mala fortuna de Albizu Campos, el Tribunal Supremo denegó la petición del gobierno territorial de Puerto Rico de revisar la decisión de Boston. Por ende, Albizu Campos ganó en justicia el caso de su cliente Velázquez, cuya convicción y sentencia fueron dejadas sin efecto. Pero, al igual que en Boston, perdió la guerra política en

Washington, D.C.[7].

El entonces notorio caso de Luis F. Velázquez, pues pasó a la

obscuridad, al igual que los brillantes argumentos históricos, políticos y

legales de Albizu Campos. No mucho tiempo más tarde, Albizu Campos

mismo sería acusado y hallado culpable por las autoridades federales[8],

resultando a su vez en su estadía en prisión federal y desaforo en el

Tribunal Federal y Tribunal Supremo de Puerto Rico.

---

[7] Véase 296 US. 602 (1935) (petición de certiorari denegada).
[8] Véase, Albizu v. United States, 88 F. 2d 138 (1937).

Imagen 13: Pedro Albizu Campos arrestado en una redada de nacionalistas y comunistas en Puerto Rico tras un intento de asesinato del Presidente Truman por puertorriqueños en Washington DC en noviembre de 1950

Espero haber podido aquí traer nuevamente a la luz – y casi un siglo más tarde – dichos planteamientos de Albizu Campos, los cuales al día de hoy y a la luz de <u>Sánchez Valle</u> y PROMESA, una vez más nos hacen reflexionar.

Ahora, en la sección final que procede analizaré los argumentos de Albizu Campos a la luz de dichos eventos jurídico-políticos recientes, y así evidenciar que los mismos eran jurídica y políticamente legítimos en 1935 al igual que en 2018.

IV. Mis Reflexiones y Análisis del Caso de Luis F. Velázquez a la Luz de Sánchez Valle y PROMESA

En mi libro The Constitutional Evolution of Puerto Rico and Other U.S. Territories (2017), discuto como desde 1898 los Estados Unidos de América siempre han gobernado a sus territorios de ultramar de manera muy distinta a sus territorios continentales. En ocasiones, esto ha sido de manera muy considerada y deferente hacia los ciudadanos de Estados Unidos que allí habitan. Pero en muchas otras ocasiones, y todavía al día de hoy, el Congreso, el Ejecutivo y aún la Rama Judicial federal todavía tratan a los territorios como colonias. Véase Jon Van Dyke, The Evolving Legal Relationships Between the United States at its Affiliated U.S.-Flag Islands, 14 University of Hawai'i Law Review 445 (1992). Más aún como muy bien ha descrito el Juez Federal Juan Torruella por más de tres décadas, los ciudadanos de Estados Unidos en Puerto Rico y otros territorios todavía viven en un régimen de apartheid colonial. The Insular Cases: The Establishment of a Regime of Political Apartheid, 29 University of Pennsylvania Journal of International Law 283 (2007).

Aquí los nacidos en Puerto Rico a partir de enero 16, 1941 somos ciudadanos de los Estados Unidos mediante nacimiento, igual que cualquier otro ciudadano que nace en alguno de los cincuenta estados. Aquellos quienes nacieron antes de dicha fecha son también ciudadanos estatutarios por vía de la Ley Jones. Gustavo A. Gelpí, Comment on Blocher and Gulati's Puerto Rico at the Right of Accession, Yale Journal of International Law (2018).

No obstante, el gobierno de los Estados Unidos controla nuestro destino día a día sin nosotros tener participación representativa ni real alguna en ninguna decisión federal que nos afecta. Al igual que en las trece colonias en 1776, el nuestro, como bien señala mi gran amigo y mentor quién en paz descansa, el Juez Federal Salvador E. Casellas, es un craso problema de gobierno sin el consentimiento del gobernante. Salvador Casellas, Commonwealth Status at the Federal Courts, Vol 80 núm. 4 Revista Jurídica UPR (2011). Y, esto en el Siglo XXI es totalmente inaceptable, aquí o en cualquier otro lugar del planeta.

Al igual que los Casos Insulares de principios del Siglo XX, el caso de Sánchez Valle re-escribe la historia de Puerto Rico, dándole por fiat judicial un imprimatur constitucional a nuestra relación colonial ante Estados Unidos. Al igual que he señalado en otra ocasión, como consecuencia, la presencia federal en Puerto Rico, incluyendo la de mi propio tribunal, aunque ciertamente goza de validez constitucional, no obstante, es una presencia antidemocrática. United States v. Amaro-Santiago, 998 F. Supp. 2d 1, 2 (D.P.R. 2014).

En sus alegatos federales en el caso de Velázquez, Albizu Campos discute *ad nauseum* el punto de que al momento de la llegada de los norteamericanos a la isla en 1898 ya gozábamos de los beneficios de la Carta Autonómica. Por ende, Puerto Rico era su propio soberano, no obstante su relación con España. Por ende, España y Estados Unidos, no podrían eliminarle dicha soberanía inalienable mediante un tratado en el cual Puerto Rico no tuvo inherencia alguna. Este argumento lo expande ante el Tribunal Supremo de los Estados Unidos, hasta ir al punto de argumentar que ni dicho foro tiene jurisdicción sobre Puerto

Rico.

Los Casos Insulares parten de la premisa de que al momento de la

llegada de los norteamericanos en 1898 éramos un grupo de salvajes

primitivos, con un sistema de gobernanza y tribunales incompatibles con

el sistema democrático estadounidense[9]. Más aún, éste era el parecer

mismo de las otras dos ramas del gobierno federal[10].

Tanto la Corte Suprema, como el Presidente y Congreso, ignoraron

totalmente la realidad contraria. En 1899 el Presidente Mc Kinley, quién

poco luego sería asesinado, envió una comisión presidencial presidida

por Henry Carroll a estudiar en detalle las condiciones, sociales,

económicas, de salud, gobierno, y otras áreas de la isla de Puerto Rico.

---

[9] Véase, Balzac v. Porto Rico, 258 U.S. 298 (1922) ("Congress has thought that a people like…the Porto Ricans…living in compact and ancient communities."); Downes v. Bidwell, 182 U, S. 244, 282 (1901)("It is obvious that in the annexation of outlying and distant possessions grave questions will arise from differences of race, habits, laws and customs of the people…").

[10] Véase, e.g., "[B]eware of those mongrels of [Puerto Rico], with breath of pestilence and touch of leprosy. Do not let them become part of us with their idiotary, polygamous creeds and harem habits." Declaración del Senador William B. Bate de Tennessee, 33 Cong. Rec. 3616 (1900); "Besides acting in good faith, we have acted with good sense, and that is also important. We have not been frightened or misled into giving to the people of [Puerto Rico] a form of government unsuitable to them. While providing that the people should govern themselves as far as possible, we have not hesitated in their own interests to keep the power of shaping their destiny." Presidente Theodore Roosevelt Conferencia en el Hartford Coliseum, Connecticut (22 de agosto, 1902).

La misma en un informe de sobre mil páginas – el Informe Carroll – resaltó que Puerto Rico se encontraba listo para tener un gobierno territorial (e incorporado) como el de Oklahoma, el cual se convertiría en el estado cuarenta y cinco poco luego en 1908.

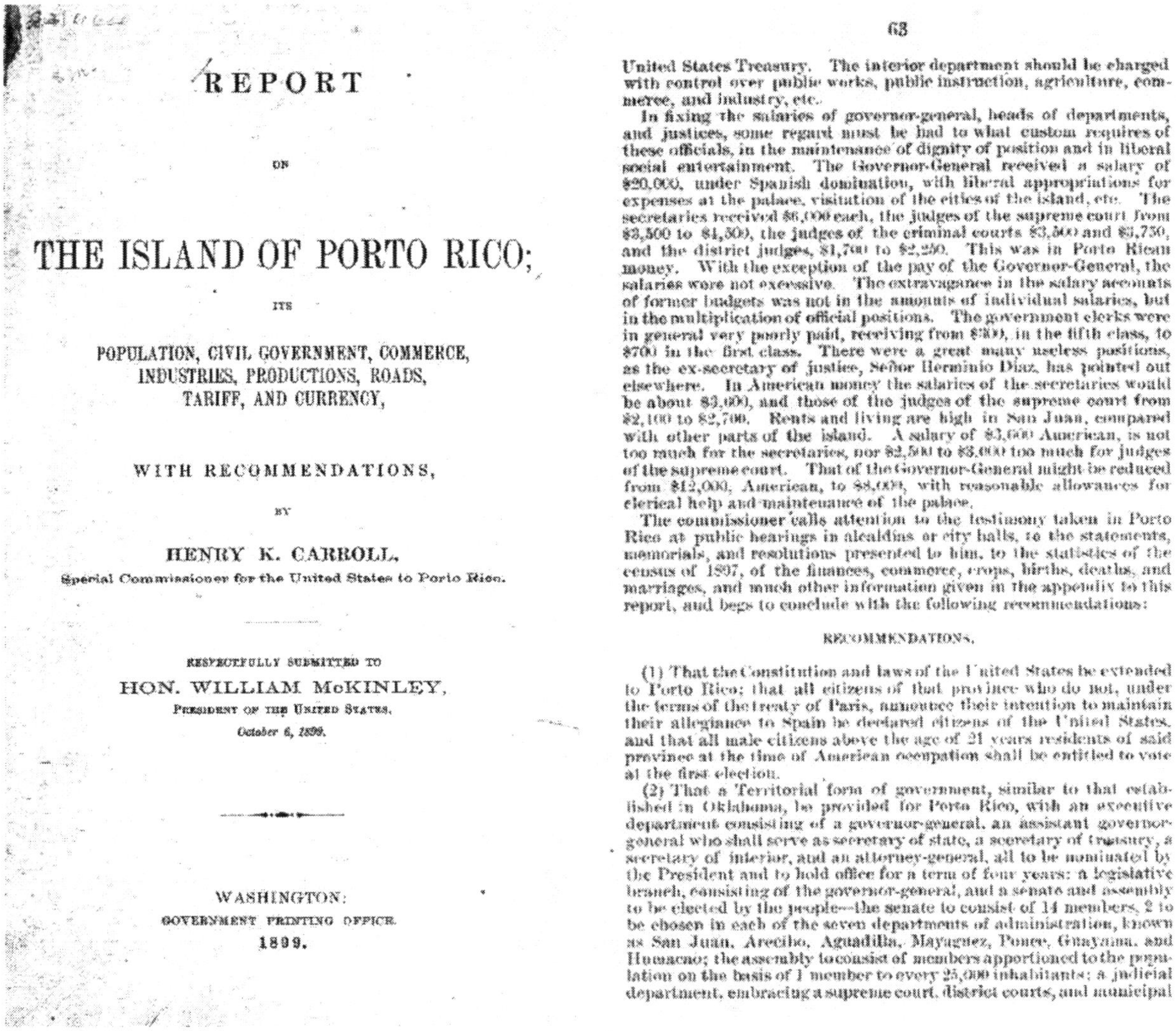

REPORT

ON

THE ISLAND OF PORTO RICO;

ITS

POPULATION, CIVIL GOVERNMENT, COMMERCE, INDUSTRIES, PRODUCTIONS, ROADS, TARIFF, AND CURRENCY,

WITH RECOMMENDATIONS,

BY

HENRY K. CARROLL,

Special Commissioner for the United States to Porto Rico.

RESPECTFULLY SUBMITTED TO

HON. WILLIAM McKINLEY,

PRESIDENT OF THE UNITED STATES.

October 6, 1899.

WASHINGTON:

GOVERNMENT PRINTING OFFICE.

1899.

63

United States Treasury. The interior department should be charged with control over public works, public instruction, agriculture, commerce, and industry, etc.

In fixing the salaries of governor-general, heads of departments, and justices, some regard must be had to what custom requires of these officials, in the maintenance of dignity of position and in liberal social entertainment. The Governor-General received a salary of $20,000, under Spanish domination, with liberal appropriations for expenses at the palace, visitation of the cities of the island, etc. The secretaries received $6,000 each, the judges of the supreme court from $3,500 to $4,500, the judges of the criminal courts $3,500 and $3,750, and the district judges, $1,700 to $2,250. This was in Porto Rican money. With the exception of the pay of the Governor-General, the salaries were not excessive. The extravagance in the salary accounts of former budgets was not in the amounts of individual salaries, but in the multiplication of official positions. The government clerks were in general very poorly paid, receiving from $300, in the fifth class, to $700 in the first class. There were a great many useless positions, as the ex-secretary of justice, Señor Herminio Diaz, has pointed out elsewhere. In American money the salaries of the secretaries would be about $3,600, and those of the judges of the supreme court from $2,100 to $2,700. Rents and living are high in San Juan, compared with other parts of the island. A salary of $3,600 American, is not too much for the secretaries, nor $2,500 to $3,000 too much for judges of the supreme court. That of the Governor-General might be reduced from $12,000, American, to $8,000, with reasonable allowances for clerical help and maintenance of the palace.

The commissioner calls attention to the testimony taken in Porto Rico at public hearings in alcaldías or city halls, to the statements, memorials, and resolutions presented to him, to the statistics of the census of 1897, of the finances, commerce, crops, births, deaths, and marriages, and much other information given in the appendix to this report, and begs to conclude with the following recommendations:

RECOMMENDATIONS.

(1) That the Constitution and laws of the United States be extended to Porto Rico; that all citizens of that province who do not, under the terms of the treaty of Paris, announce their intention to maintain their allegiance to Spain be declared citizens of the United States, and that all male citizens above the age of 21 years residents of said province at the time of American occupation shall be entitled to vote at the first election.

(2) That a Territorial form of government, similar to that established in Oklahoma, be provided for Porto Rico, with an executive department consisting of a governor-general, an assistant governor-general who shall serve as secretary of state, a secretary of treasury, a secretary of interior, and an attorney-general, all to be nominated by the President and to hold office for a term of four years: a legislative branch, consisting of the governor-general, and a senate and assembly to be elected by the people—the senate to consist of 14 members, 2 to be chosen in each of the seven departments of administration, known as San Juan, Arecibo, Aguadilla, Mayaguez, Ponce, Guayama, and Humacao; the assembly to consist of members apportioned to the population on the basis of 1 member to every 25,000 inhabitants; a judicial department, embracing a supreme court, district courts, and municipal

Imagen 14: Caroll Report

En <u>Sánchez Valle</u> decidido por el Tribunal Supremo de Estados Unidos un Siglo más tarde, 2016, el Alto Foro no menciona los Casos Insulares. Sin embargo, concluye que Puerto Rico y Estados Unidos constituyen un mismo soberano para efectos constitucionales. Esto, dado a que el gobierno de Puerto Rico lo creó el Congreso de Estados Unidos empezando en el 1900 con la Ley Foraker, y actos subsiguientes tales como en 1917 la Ley Jones, y en 1952 culminando con la creación del Estado Libre Asociado.

A pesar pues, de Puerto Rico hoy en día gozar de una soberanía similar a la de los estados (por virtud de legislación federal), esto no menoscababa el hecho que la fuente constitucional de la soberanía de Puerto Rico lo fue, lo es, y continúa siendo el Congreso de los Estados Unidos. Esta misma tesis la usó el Tribunal Supremo a principios del Siglo XX para describir la entonces misma situación del entonces territorio de Filipinas en el caso <u>Grafton</u>. Dicho caso fue citado por el Tribunal Supremo de Puerto Rico en los procedimientos del caso de <u>Velázquez</u>, al reconocer que el gobierno territorial de Puerto rico y el federal son uno

mismo, y que del último emana toda la fuente del poder y autoridad.

El único Juez del Tribunal Supremo de Estados Unidos quien, como

Albizu Campos un sigo antes, reconoce y ve validez jurídica en la Carta

Autonómica, lo fue el Juez Asociado Stephen Breyer. En su opinión

Imagen 15: Juez Asociado Stephen Breyer, disidente en caso Sanchez Valle

disidente, a la cual se une la Jueza Asociada Sonia Sotomayor, éste

discute que la fuente original del poder soberano de Puerto Rico no se

puede ver a partir del Tratado de París. La misma existió antes de dicho

evento histórico. Por ende, a su ilustre entender, Puerto Rico, a pesar de continuar dentro de un régimen territorial, no obstante, no podía considerarse como mero botín de guerra y territorio para que el Congreso haga lo que quiera con el mismo. Análogo con las tribus indígenas, quienes ya eran soberanas al momento de Estados Unidos convertirse en Nación.

En otras palabras, lo que Albizu Campos y el Juez Breyer, en efecto, ripostan es a los efectos que el Tribunal Supremo al ignorar los efectos de la Carta Autonómica, ha re-escrito la historia. Pero como Sánchez Valle constituye el derecho constitucional vigente, su efecto práctico es que Puerto Rico al día de hoy sigue siendo territorio y colonia de Estados Unidos como lo fue en 1900. El estatus constitucional de Puerto Rico, bajo la soberanía de Estados Unidos, por ende, nunca ha cambiado jurídicamente.

Ahora pasemos a discutir los argumentos de Albizu Campos a la luz de la Ley PROMESA. Dicha Ley fue aprobada por el Congreso pocos días luego de emitirse la decisión de Sánchez Valle. Bajo la premisa de sus poderes territoriales sobre Puerto Rico, el Congreso aprobó dicha Ley para que el Gobierno de Puerto Rico pudiese acogerse a un procedimiento de quiebra, tal como los entonces gobernador y comisionado residente, así solicitaron. Dicha Ley, dada la situación fiscal del Gobierno de Puerto Rico, era una necesidad. Sin embargo, la Ley PROMESA vino con un precio alto. Al aprobarse la misma, el Congreso en adición creó una Junta Fiscal, la cual constituye un ente en el organigrama gubernamental de Puerto Rico (versus un ente federal). La misma en principio, y como hemos visto en práctica, tiene facultades de vetar acciones de índole fiscal por parte del ejecutivo, legislativo y hasta la rama judicial de Puerto Rico. Como consecuencia, la Constitución del Estado Libre Asociado ha sido de facto enmendada de manera unilateral por el Congreso, al poner esta entidad por encima de las tres ramas constitucionales[11].

---

[11] Véanse, Juan R. Torruella, Why Puerto Rico Does Not Need Further Experimentation with Its Future: A Reply to the Nation of Territorial Federalism", 131 Harvard Law Review Forum (2018); Gustavo A. Gelpí, Comment, supra.

Más aún surge nuevamente el asunto del consentimiento del gobernado. Los miembros de la Junta Fiscal son nombrados directamente por el Presidente. La Ley PROMESA ni siquiera requiere el consentimiento del Senado federal. Tienen pues un poder más allá de los funcionarios democráticamente electos por el Pueblo de Puerto Rico.

¿Cómo vería Albizu Campos legalmente la imposición de la Junta Fiscal? Me parece, que ciertamente volvería a levantar la nulidad del Tratado de París y la falta de jurisdicción federal total. Y usaría el ejemplo de la Junta Fiscal para ilustrar que el Congreso 120 años más tarde todavía sigue ejerciendo los poderes plenarios - añadiría este, imperiales - sobre un pueblo que desde 1898 nunca ha participado realmente de soberano a soberano con el gobierno de la metrópoli.

Las consecuencias del régimen territorial colonial, según debatidos en su alegato ante el Tribunal Supremo de Estados Unidos, al día de hoy siguen siendo evidentes. Nuestro comercio está atado completamente al de la metrópolis. Siendo una isla, Puerto Rico depende casi totalmente de comercio marítimo y aéreo. En cuanto al primero, éste es regulado por la Ley Jones de Cabotaje, la cual tiene un impacto directo y nefasto en nuestra economía y altos precios de comestibles, bienes y petróleo. Al ser parte de la Nación Americana, el comercio internacional se regula por leyes y contribuciones federales. Y, finalmente, nuestra agricultura es reglamentada a nivel nacional. Sigue siendo y ha sido pues un sistema político que carece del consentimiento total del gobernado, pero que nos impacta día a día en todo lo económico y no-económico.

Finalmente, comentaré sobre la analogía a cierto precedente que hace Albizu Campos para denunciar la invalidez del Tratado de París. Me refiero al tratado de 1904 entre Panamá y Estados Unidos, mediante el cual éste último obtuvo la cesión de un enclave territorial que dividía la Nación istmeña desde el Océano Atlántico hasta el Pacífico. Históricamente dicha cesión fue cuestionable, aún por Estados Unidos mismo tres cuartos de siglo más tarde al ser devuelto dicho territorio a Panamá. Resulta pues que Panamá para el 1903 era un Departamento de Colombia. Representantes de Colombia y Estados Unidos llegaron al acuerdo de cesión de la Zona del Canal. Pero, el Senado Colombiano únicamente rechazó el Tratado. El Presidente Roosevelt, pues orquestó una revolución en Panamá y envió a su armada naval allí. A los pocos días de Panamá declarar su independencia, firmó el Tratado cediendo el territorio[12]. Tal acción del gobierno estadounidense fue muy similar a aquella en 1893 donde éste mismo participó en derrocar el gobierno del Reino de Hawai'i, para cinco años más tarde anexarlo como su territorio.

Albizu Campos pues históricamente resaltó correctamente la realidad imperialista de Estados Unidos a finales del Siglo XIX, y principios del Siglo XX, de adquirir territorios de ultramar bajo cualquier método; ya fuese guerra, compra o fomentando una insurrección. Y una vez más, el mismo Congreso Federal en el caso de Hawai'i, en 1993 tuvo que ofrecer una disculpa por sus acciones un siglo antes.

---

[12] Véase Gustavo A. Gelpí, An Experiment in U.S. Territorial Governance, The Federal Lawyer (June 2016).

One Hundred Third Congress
of the
United States of America

AT THE FIRST SESSION

*Begun and held at the City of Washington on Tuesday,
the fifth day of January, one thousand nine hundred and ninety-three*

Joint Resolution

To acknowledge the 100th anniversary of the January 17, 1893 overthrow of the Kingdom of Hawaii, and to offer an apology to Native Hawaiians on behalf of the United States for the overthrow of the Kingdom of Hawaii.

Whereas, prior to the arrival of the first Europeans in 1778, the Native Hawaiian people lived in a highly organized, self-sufficient, subsistent social system based on communal land tenure with a sophisticated language, culture, and religion;

Whereas a unified monarchical government of the Hawaiian Islands was established in 1810 under Kamehameha I, the first King of Hawaii;

Whereas, from 1826 until 1893, the United States recognized the independence of the Kingdom of Hawaii, extended full and complete diplomatic recognition to the Hawaiian Government, and entered into treaties and conventions with the Hawaiian monarchs to govern commerce and navigation in 1826, 1842, 1849, 1875, and 1887;

Whereas the Congregational Church (now known as the United Church of Christ), through its American Board of Commissioners for Foreign Missions, sponsored and sent more than 100 missionaries to the Kingdom of Hawaii between 1820 and 1850;

Whereas, on January 14, 1893, John L. Stevens (hereafter referred to in this Resolution as the "United States Minister"), the United States Minister assigned to the sovereign and independent Kingdom of Hawaii conspired with a small group of non-Hawaiian

Imagen 16: Hawaii Apology Resolution

Como mencionamos antes, en el caso del Canal de Panamá, mediante otro Tratado, la Nación de Panamá recobró su territorio.

En su libro, My Beloved World, la Jueza Asociada del Tribunal Supremo de los Estados Unidos Sonia Sotomayor correctamente nos describe la parca realidad del régimen colonial de Puerto Rico:

When Spain ceded Puerto Rico to the United States in 1898, along with Cuba and the Philippines as spoils of the Spanish–American War, Puerto Ricans held an optimistic faith in American ideals of liberty, democracy and justice. But that optimism would yield to a sense of betrayal for many. Governed without representation, exploited economically, some islanders come to feel they have merely exchanged one colonial master for another.

¿Qué pasará con Puerto Rico? ¿Seguirá el territorio siendo colonia y estando a la merced plenaria del Congreso Federal *per secula seculorum*? Aunque válido dicho estatus a la luz de precedente constitucional del Tribunal Supremo Federal, ¿cuánto más en el Siglo XXI puede y debe un régimen así existir? Puerto Rico, al igual que Guam han sido territorios de los Estados Unidos desde 1898 - el periodo territorial más largo en la historia de la Nación, y el cual cada día que pasa incrementa.

*Imagen 17: The New York Times del 27 de julio de 1898
resaltando la toma de Puerto Rico por Estados Unidos.*

Los otros dos territorios adquiridos en el mismo año-Filipinas y Hawai'i, obtuvieron la independencia y la estadidad en 1946 y 1956 respectivamente.

Espero mentes legales como la de Albizu Campos, en el caso de <u>Luis F. Velázquez</u> en ésta y futuras generaciones, mediante el diálogo, intelecto, y mutuo respeto resuelvan este inaceptable trato colonial tanto a nivel político como judicial. **Que la razón, la historia y el derecho, y nunca la violencia, forme la base para luchar por la dignidad e igualdad.**

Made in the USA
Columbia, SC
06 January 2025